KJB

Alle Bücher
von Valija Zinck:

Drachenerwachen
Drachenleuchten
Jakob und die Hempels unterm Sofa
Lisis Wirbelwindtage
Lisis Glückspilztage
Penelop und der funkenrote Zauber
Penelop und die zauberblaue Nacht

© Britt Schilling

Valija Zinck, 1976 geboren, arbeitete lange Zeit als Tanzpädagogin und freischaffende Choreographin, bevor sie das Schreiben für sich entdeckte. Inzwischen hat sie bereits mehrere preisgekrönte Kinderbücher veröffentlicht, die auch international sehr erfolgreich sind. Sie lebt mit ihrer Familie in Berlin.

© privat

Annabelle von Sperber, Jahrgang 1973, studierte Illustration an der HAW Hamburg, lehrt als Dozentin an der Akademie für Illustration und Design in Berlin und wurde durch ihre Gestaltung zahlreicher Spitzentitel und Serien im Kinder- und Jugendbuch international bekannt. Sie lebt heute im Schwarzwald.

Weitere Informationen zum Kinder- und Jugendbuchprogramm der S. Fischer Verlage finden Sie unter *www.fischerverlage.de*

Valija Zinck

Lisis Glückspilztage

Mit Illustrationen von
Annabelle von Sperber

KJB

Gefördert durch die Berliner Senatsverwaltung für Kultur und Europa

Aus Verantwortung für die Umwelt hat sich der Fischer Kinder- und Jugendbuch Verlag zu einer nachhaltigen Buchproduktion verpflichtet. Der bewusste Umgang mit unseren Ressourcen, der Schutz unseres Klimas und der Natur gehören zu unseren obersten Unternehmenszielen.

Gemeinsam mit unseren Partnern und Lieferanten setzen wir uns für eine klimaneutrale Buchproduktion ein, die den Erwerb von Klimazertifikaten zur Kompensation des CO_2-Ausstoßes einschließt.

Weitere Informationen finden Sie unter: www.klimaneutralerverlag.de

MIX
Papier | Fördert gute Waldnutzung
FSC® C083411

Erschienen bei FISCHER KJB

Umschlaggestaltung: Dahlhaus & Blommel Media Design GmbH
unter Verwendung einer Illustration von Annabelle von Sperber
Satz: Fotosatz Amann, Memmingen
Druck und Bindung: CPI books GmbH, Leck
Printed in Germany
ISBN 978-3-7373-4301-5

Inhalt

Meine erste Sternschnuppe

Da ist es. Oder eher gesagt, da war es. Denn fast ist es schon wieder verglüht. Ein helles, glitzerndes Geruckel, das durch den Nachthimmel fällt. Eine Sternschnuppe! Die erste, die ich in meinem Leben sehe!

»Los, Lisi, wir dürfen uns was wünschen!«, sagt Papa, der neben mir im frisch gefallenen Schnee steht. Er nimmt mich an seine große, warme Hand.

Ich weiß gar nicht, was ich mir wünschen soll. Es muss ja schnell gehen, denn so eine Sternschnuppenwirkung ist bestimmt ruck, zuck vorbei.
Ich mach die Augen zu und hole tief Luft. Neben mir holt Papa auch Luft, und ich kann richtig spüren, dass er sich was Supergutes wünscht. Und ich? Was nehme ich denn jetzt? Ich hätte gerne Reitstunden. Aber die erlaubt mir Papa nicht, und da fände ich es ein bisschen gemein, sie mir einfach von der Sternschnuppe zu wünschen, wenn Papa direkt neben mir steht. Ich hätte auch gerne richtig schöne Schuhe. Mir passen nämlich immer nur so komische, weil ich so breite Füße habe. Aber kann man sich bei Sternschnuppen Schuhe wüschen? Oder muss das eine andere Art von Wunsch sein?
Ich mach die Augen wieder auf. Papa guckt mit einem Lächeln in den Himmel. Und da wünsche

ich mir einfach, dass es jetzt endlich Frühling wird und dass Ostern dieses Jahr ein ganz besonderes und sehr schönes Fest werden soll. Das finde ich schlau! Damit bin ich auf alle Fälle abgesichert.

»Da sind wir nur kurz draußen, um unseren beiden Garagenbewohnern ein sicheres Nachtquartier zu bereiten«, sagt Papa, »und bekommen gleich eine Sternschnuppe geschenkt! Das ist doch schön, oder?«

Unsere beiden Garagenbewohner sind unsere Hasen. Als es letzten November winterkalt wurde, habe ich Fläumchen, das ist unser Hasenmädchen, auf den Arm genommen. Meine Schwester Alma hat Nasi, das ist der Hasenjunge, auf den Arm genommen, und mein Bruder Karlchen hat die Futterschüssel hinter uns hergetragen. Und Papa?! Papa ist ein bisschen in die Knie gegangen, hat das komplette Hasengehege hochgehievt und bis in die Garage geschleppt. Obwohl am Gehege noch das schwere Holzhäuschen drangebaut ist. Ich war sehr stolz auf Papa, weil er so stark ist. Mama war nicht sehr stolz. Sie hat die Tischtennisplatte, unsere Räder und Roller und andere Garagensachen an die Rückwand geschoben und eine Falte auf der Stirn gemacht.

»Du wolltest eigentlich einen isolierten Winterstall bauen!«, hat sie Papa erinnert.
Ja, das macht er bald, hat Papa gelacht, aber bei diesem plötzlichen Kälteeinbruch muss halt flott eine Übergangslösung her.
»Deine flotten Übergangslösungen kenne ich!«, hat Mama geantwortet und ein bisschen säuerlich geklungen.
Vorhin, nach dem Abendessen, haben Karlchen und ich auf unserem Wohnzimmerteppich eine neue Kampfabfolge erfunden. Und gerade, als wir Mama und Papa zum Zuschauen rufen wollten, habe ich gehört, wie Mama gefragt hat, ob die Übergangslösung jetzt eigentlich noch bis zum übernächsten Winter andauert. Und sie hat dabei noch säuerlicher geklungen als das letzte Mal.
»Mich nervt dieses Geräume in der Garage dermaßen, Konrad! Und heute Nacht soll es außerdem noch mal eiskalt werden! So kalt, wie

es den ganzen Winter über nicht war!«

Da ist es mir plötzlich ganz schwarz und eisig durch den Bauch gekrochen. Ich hab eine große Angst bekommen, dass unsere Hasen heute Nacht erfrieren werden. Dass sie morgen grau, steif und tot im Gehege liegen.

»Kämpf allein weiter und üb das Abrollen«, habe ich Karlchen angewiesen und bin zu Mama und Papa in die Küche geflitzt.

»Ich hole die Hasen heute Nacht rein«, habe ich ihnen mitgeteilt.

»Nee!«, hat Mama gestöhnt. »Das kommt nicht in Frage, in der Garage reicht mir schon. Ich will sie jetzt nicht auch noch im Haus haben.«

»Willst du etwa, dass sie sterben?«, habe ich gerufen, meine Hände in die Seiten gestemmt und Mama angefunkelt.

»Die sterben nicht so schnell«, hat Papa mich beruhigt. »Sie haben doch schon den ganzen Winter ausgehalten, und jetzt ist März. Außerdem haben sie ihr Fell und ihr Häuschen. Aber wir können ja noch mal rausgehen und ihnen eine extra Portion Stroh reinpacken. Stroh isoliert super.«

Das fand ich gut. Alma fand es auch gut, aber sie hatte keine Lust, mit rauszukommen. Es ist ja wohl nicht eine ganze Parade nötig, um ein bisschen Stroh auszulegen, hat sie gemeint. Aber ich glaube, sie fand es nur nicht nötig, weil sie sich gerade Backvideos anguckte. Wahrscheinlich bekommen wir morgen wieder eine neue Muffinsorte gebacken. Mama hat sich dann Karlchen zum Bettfertigmachen geschnappt, und Papa und ich sind nach draußen gegangen.

Das fand ich schön. Ich mach so gerne was allein mit Papa oder allein mit Mama. Auch wenn es nur was Kleines ist. Und das Nach-den-Hasen-Gucken ist jetzt ja gar nicht mehr so klein, weil wir diese tolle Wunschschnuppe gesehen haben.
»Ich habe schon lange keine Sternschnuppe mehr gesehen«, brummt Papa und lässt das Garagentor hochrattern. Sein Atem raucht weiß in der eisigen Luft.
»Und ich noch nie«, sage ich und knipse das Garagenlicht an. Es ist schummrig. Ganz vorne in der Garage steht das Hasengehege, und Nasi kommt auch gleich aus dem Häuschen gehoppelt und macht Männchen. Seine weiße Nasenspitze zittert. Er denkt wohl, es gibt jetzt Salat oder Gurkenschalen oder so.
»Tut mir leid, du. Es gibt jetzt nur Antikältestroh«, sage ich und mache die Luke zum Häuschen auf. Drinnen duckt

sich Fläumchen und klopft erschrocken mit ihrem Fuß auf den Boden. Ich sehe sie kaum, weil sie so dunkelgrau ist und weil in das Häuschen kein Licht fällt. Aber als ich meine Hand nach ihr ausstrecke, spüre ich ihre zarte Wirbelsäule an meinen Fingern und ihr weiches, seidiges Fell.

»So, du Liebe, jetzt wird es dir gleich schön warm!«, flüstere ich. Schon schüttet Papa frisches gelbes Stroh zu ihr hinein.

Fläumchen nimmt Reißaus. Sie springt aus dem Häuschen in den Auslauf zu Nasi. Kaum hat der sie erblickt, rast er auf sie zu. Und dann rennen sie im Kreis. Eine Runde nach der anderen.

Nasi versucht, Fläumchen zu fangen. Er will sie richtig packen und auf sie draufspringen. Doch sie stoppt ganz ruckartig, schießt herum und beißt ihn. Kurz verzieht er sich in eine Ecke, aber dann jagt er wieder auf sie los.

»Das machen sie in letzter

Zeit oft«, beschwere ich mich bei Papa. »Ich glaube, sie fühlen sich in der Garage nicht wohl. Es ist es ihnen zu eng und dunkel, und sie können nicht viel von der Welt sehen.«

»Vielleicht liegt das auch an was anderem.« Papa schmunzelt. Ja, er hat gut reden! Er muss ja auch nicht in einem Stall in einer Garage wohnen.

»Lass uns wieder reingehen«, sagt Papa und knipst das Licht aus. »Mir ist ganz schön kalt, und du musst ins Bett. Morgen ist ja Schule.«

Ich sage also unseren Hasen gute Nacht und stapfe hinter Papa her ins Haus.

Vielleicht hätte ich mir von der Sternschnuppe nicht das mit dem Frühling und dem besonders schönen Ostern wünschen sollen. Sondern, dass sich die Hasen wieder besser vertragen. Es macht mich traurig, wenn sie so böse zueinander sind.

Die Schneekugel

Am nächsten Morgen, als Mama uns weckt, springe ich gleich aus dem Bett. Normalerweise will ich immer nicht raus, denn in meinem Bett ist es gemütlich und warm, und draußen ist es dunkel und kalt. Aber heute macht mir das nichts aus. Lara hat mir nämlich gestern versprochen, dass sie mir in die Schule einen himmelblauen Nagellack mitbringt. Plus zwei flache

Miniedelsteinchen zum Auf-die-Nägel-Kleben. Lara ist meine beste Freundin, und sie hat gestern von ihrer Tante neuen Nagellack und funkelnde Steinchen geschenkt bekommen. Da kann sie mir ihren alten schenken. Mama sagt oft, sie findet diesen Chemiekram nicht gut. Deswegen bekomme ich so schicke Nagelsachen nicht. Nicht einmal Oma darf mir welche schenken. Das finde ich ganz schön gemein.

Alma, Karlchen, Mama und ich löffeln unsere Müslis. Papa ist schon weg. Ihn sehen wir morgens leider nie. Er ist Arzt und muss immer früh im Krankenhaus sein.

Nach dem Frühstück ziehen wir unsere Anoraks und Schals an. Wenn kein Schnee liegt, fahren Lara und ich meistens mit den Rollern zur Schule. Aber jetzt liegt ja welcher. Und heute Nacht ist noch mal frischer gefallen, da geht das gleich dreimal schlecht. Alma

nimmt trotzdem ihr Fahrrad. Mama fährt mit dem Auto zur Arbeit und nimmt Karlchen zum Kindergarten mit.
Die Straßenlaternen sind noch an, und ich stapfe auf dem Gehweg entlang. Vor manchen Häusern ist der Schnee schon weggeschippt. Das müssen die Leute ja machen. Papa sagt oft, er ist froh, dass wir kein Eckgrundstück haben, denn an einem Eckgrundstück ist viel mehr Gehweg dran, von dem man den Schnee schaufeln muss.
Vorne unter unserem Baum wartet Lara. Wie immer hat sie ihren schönen roten Anorak und ihre lila Mütze an, und sie winkt mir zu.
»Hallooo, Lisi! Wir müssen uns beeilen! Wir sind schon spät«, ruft sie, und da beeile ich mich.
Wir haben schon fast die Hälfte von unserem Schulweg geschafft, als Lara sagt: »Heute in der Pause zahlen wir es Rijad und Michel und den anderen Jungs ordentlich heim, oder?!«

»Ja! Die werden sich wundern«, stimme ich zu und kicke etwas Schnee zur Seite. »Wir bauen heute ein Pferd, und das wird dann viel größer als ihr blöder Mann.«

Gestern haben wir nämlich auf der Schulhofwiese Schneeleute gebaut. Die Jungs einen riesigen Schneemann und Lara, Mira und ich eine tolle Schneefrau. Michel hat total angegeben, weil der Schneemann ein bisschen größer war als unsere Schneefrau.

»Wir fragen am besten noch Emma, ob sie uns hilft. Je mehr Mädchen wir sind, umso besser«, beschließt Lara.

»Oder«, sage ich und fange an zu kichern, »oder wir fangen jetzt schon an mit bauen.«

»Wie soll das denn gehen?« Lara guckt mich von der Seite an.

Ich streife Schnee von einer Gartenmauer, drücke daraus eine Kugel und beginne sie zu rollen.

»Die rollen wir bis zu unserem Schulzaun«, erkläre ich, »Heben sie rüber, und in der Pause haben wir dann einen super Vorsprung. Den können die Jungs niemals einholen.«

»Toll!« Lara lacht und formt auch gleich einen Schneeball. Nebeneinander wälzen wir die Kugeln den Gehweg entlang. Ach wie gut, dass so viele Leute ihre Gehwegabschnitte heute Morgen noch nicht freigeräumt haben.
Der Schnee pappt richtig toll. Unsere Kugeln wachsen schnell. Nach einer Weile pressen wir sie zu einer großen gemeinsamen Kugel zusammen und rollen die weiter. Das macht noch mehr Spaß. Aber bald ist es auch ganz schön anstrengend. Mein Hals wird schwitzig, und mein Herz klopft.
»Hey, soll ich mithelfen?« Hinter uns kommt auf einmal Rijad angerannt. Er wohnt bei uns in der Straße, er ist also noch später losgegangen als wir.
»Klar«, rufen Lara und ich und grinsen uns an. Wenn Rijad wüsste, dass er jetzt gleich am Mädchenpferd mitbaut!

Zu dritt ackern wir weiter. Erst schnell, dann mittel, dann werden wir immer langsamer. Gerade als wir denken, dass wir echt gleich nicht mehr können, kommt aus der nächsten Einfahrt Michel gestapft. Obwohl es heute kalt ist, hat er nur sein schwarzes Stirnband und keine Mütze an. Wahrscheinlich will er nicht, dass seine Gelhaare zerdetschen.

»Hi«, ruft er und macht große Augen. »Wow, cool! Eine Megakugel!« Wir sagen Hallo, und schon ist Michel zwischen uns und hilft mitrollen. Lara und ich glucksen, weil jetzt auch Michel am Mädchenpferd mithilft.

Die Megakugel bewegt sich durch Michels Kraft wieder schneller. Drei Einfahrten weiter ist sie eine riesige Megakugel und rollt leider wieder langsamer.

Wir stemmen uns ordentlich dagegen und suchen mit den Stiefeln Halt im Schnee. Ich rutsche beinahe aus, und da bekomme ich Sorge, dass wir es nicht bis zur Schule schaffen. Die Kugel wird ja immer schwerer. Das wäre so schade, wo sie doch jetzt schon so richtig gut ist. So eine große hatte ich noch nie in meinem Leben.

»Wir bräuchten einen Schlitten«, überlegt Rijad laut.

Aber wir haben keinen Schlitten. Glück haben wir trotzdem. Denn jetzt kommt ein Gehwegabschnitt, der ist nicht nur ordentlich geräumt, sondern sogar gesalzen. Da ist aller Schnee weggeschmolzen.

Papa sagt immer, dass Streusalz ungesund für unser Grundwasser ist und dass er es nicht gut findet, wenn manche Leute es einfach trotzdem hinstreuen. Ich finde es jetzt aber sehr gut! Weil unsere Kugel hier nicht noch schwerer wird.

Der Gehweg senkt sich ab, und wir walzen die

Kugel hinunter. Dann bleibt sie stehen. Sie rührt sich kein minibisschen mehr.

»Los! Volle Kraft!«, ächzt Michel. Seine Backen sind knallrot.

»Strengt euch mehr an«, schnaufe ich.

Lara keucht, und Rijad stemmt sich jetzt mit dem Rücken gegen unseren Monsterball.

Es gibt noch ein Ruckeln, dann nichts mehr.

»Hat keinen Sinn«, beschließt Rijad. »Lassen wir das Ding hier. Außerdem müssen wir uns jetzt echt beeilen. Sonst kriegt Herr Kettele die Krise.«

Herr Kettele ist unser Lehrer und hat eigentlich nie *die Krise*. Meistens hat er gute Laune. Er ist sehr nett.

»Aber die Kugel versperrt die Einfahrt«, wendet Lara ein. »Was werden denn die Leute sagen, die hier wohnen, wenn die da nicht mehr rausfahren können?«

»Pech für die. Die sind sowieso total doof!«, grölt Michel. »Und wenn sie da nicht rauskommen, müssen sie halt ihr Salz draufstreuen.«

Wir kichern. Und dann beginnen wir ganz schnell zu rennen. Nicht nur, weil wir schon fast zu spät sind, sondern auch weil wir Angst haben, dass gleich einer von den Leuten aus dem Haus rauskommt und seine blockierte Einfahrt sieht.

Dann rast der uns vielleicht hinterher und schreit, oder vielleicht hält er uns sogar fest. Ich gucke über meine Schulter zurück. Aber da ist keiner, der schreit, und auch sonst niemand. Nur unsere Kugel wartet wie ein wunderbar leckeres Zitroneneis für einen Riesen auf dem Gehweg. Wenn sie beim Rückweg nicht mehr da ist, weiß ich also endlich, was Riesen für eine Lieblingseissorte haben.

Pfirsichduft und Eislaternen

In der ersten Stunde haben wir heute Rechnen. Aber bevor wir damit anfangen, packt Herr Kettele wie immer seine Gitarre aus und sagt:

»Guten Morgen, liebe dritte Klasse!«

»Gu-ten-Mor-gen-Herr-Ket-te-le«, sagen wir.

»Ich bin mit meinem Auto heute beinahe im Schnee steckengeblieben«, erzählt er uns. »Dabei ist es jetzt doch schon März! Vielleicht können

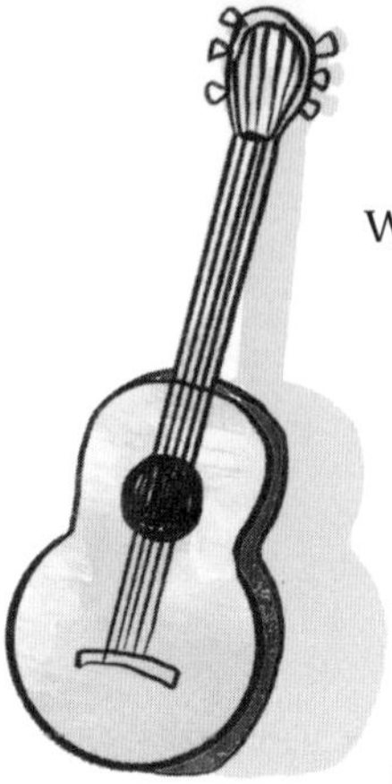

wir ja die Kälte mit einem Frühlingslied vertreiben. Was meint ihr?«

Ich meine nichts. Ich weiß ja, dass die Kälte auch ohne Frühlingslied bald wegfliegt. Das habe ich mir schließlich gestern Abend von der Sternschnuppe gewünscht. Aber ich möchte gern das neue Lied lernen, also verrate ich Herrn Kettele nichts davon. Zuerst singt er uns vor, und dann singen wir zusammen, und bald klingt es richtig schön. Ich finde es toll, dass wir in der Schule immer so viel singen.

Danach stellt Herr Kettele die Gitarre in die Ecke, und wir holen unsere Hefte aus den Rucksäcken. Lara zieht einen funkelnagelneuen Bleistift aus ihrem Mäppchen. Obwohl wir doch schon mit Füller schreiben. Der Bleistift ist metallisch-grün und hat eine hellgelbe Radiergummikugel oben drauf. Die hält Lara mir unter die Nase.

»Mmmmm«, mache ich. »Lecker.«
Der Kugel riecht nämlich kein bisschen nach Radiergummi, sondern supergut nach Pfirsich.

»Darf ich auch mal?«, fragt Emma gleich, die bei uns am Tisch sitzt.
»Ich auch?«, erkundigt sich Mira, die neben Emma sitzt.

»Hey, Lara, was hast du da schon wieder?«, flüstert Rijad und streckt seine Hand nach dem Stift aus.

Ich beiße mir auf die Lippe. Ich krieg Wut. Obwohl ich mich ganz arg bemühe, die nicht zu kriegen. Es klappt nicht. Warum kriegt Lara so oft neue, gute Sachen? Und immer solche, die ich nicht kriege. Weil sie zu chemisch sind. Oder weil man nicht andauernd neue Sachen bekommen muss. Oder weil Mama es komplett egal ist, dass immer alle um Lara herumschwirren und in sie verliebt werden und sie toller finden als mich und überhaupt.

Ich lasse den blöden Pfirsichstift über den Tisch zu Lara zurückrollen, schlage mein Heft auf und beuge mich ganz tief drüber.

»Ihr müsst schon Lisi fragen, ob ihr den Stift haben könnt«, sagt Lara zu den anderen. »Es ist nämlich ihrer.«

Meiner? Ich gucke auf. Lara grinst mich an und hält mir den Stift wieder entgegen.
»Ich schenke ihn dir. Als Ersatz für den himmelblauen Nagellack. Denn leider habe ich heute Morgen gemerkt, dass der schon ganz eingetrocknet ist, und eigentlich wollte ich dir den doch heute mitbringen.«
»Danke«, sage ich, und meine Finger umschließen das Geschenk. Ich ziehe den Pfirsichduft ganz doll mit der Nase ein und schäme mich ein bisschen,

weil ich gerade so sauer auf Lara war. Aber ich schäme mich nur ganz kurz, denn für länger ist kein Platz, weil der Stift so toll ist und weil es in meinem Bauch jetzt ganz warm ist. Lara ist einfach lieb. Ich werde heute nicht mit Füller schreiben, sondern nur mit dem Pfirsichstift. Und ich schreibe Lara einen lieben Brief damit und male ihr viele Herzen an den Rand. Und alle, die an meinen Stift riechen wollen, dürfen das.

Nachdem wir fertig gerechnet haben, geht der Unterricht normal weiter, und dann ist große Pause, und wir bauen gemeinsam mit den Jungs das Schneepferd und auch noch andere Tiere. Es macht Spaß, und Michel gibt kein bisschen an. Aber leider ist die Pause schnell zu Ende, und wir

haben Rechtschreiben. Das mag ich nicht, weil ich da nicht so gut drin bin.
In der letzten Stunde stellt Herr Kettele plötzlich einen olivgrünen Eimer auf sein Lehrerpult. Er holt daraus einen kleineren Eimer hervor.
Der ist auch olivgrün. Dabei macht Herr Kettele ein Gesicht, als hätte er gerade einen tollen Zaubertrick aufgeführt.
»Weiß jemand, was das ist?«, fragt er.
»Das sind Eimer! Das ist ja wohl klar!«, rufen wir, ohne uns zu melden.
Manchmal ist Herr Kettele echt komisch. Warum sollen wir, Kinder der dritten Klasse, bitte nicht wissen, was Eimer sind? Das weiß doch jedes Kindergartenkind. Ja, sogar Babys wissen das.
»Tja, die Dinger sehen zwar aus wie gewöhnliche Eimer, aber …«
Herr Ketteles Stimme wird plötzlich

leise und geheimnisvoll. »Sie sind auch Laternenmacher. Oder sogar eine Märchenschlossmaschine.«

Ich beiße mir wieder auf die Lippe. Aber jetzt nicht aus Wut, sondern weil ich wissen will, warum langweilige grüne Kübel eine Märchenschlossmaschine sein sollen.

»Hä?«, macht Michel. »Wieso sollen das bitte Laternenmacher sein?«

»Pssst«, zischt Lara. »Jetzt hör doch erst mal zu!«

»Also«, beginnt Herr Kettele. »Ich habe mir überlegt, dass wir uns, bis unser Frühlingslied den Winter vertrieben hat, die Zeit ein wenig verzaubern sollten.«

Im Klassenzimmer wird es mucksmäuschenstill. Wir wollen natürlich wissen, wie das mit dem Verzaubern geht. Aber Herr Kettele sagt nur: »Alle, die mitmachen wollen, können sich schon mal leise Schuhe und Jacken anziehen.«

Noch nie haben wir uns so schnell angezogen. Und fast komplett leise waren wir auch. Herr Kettele marschiert mit seinen Eimern in der Hand den Gang Richtung Treppe, und wir folgen ihm.
Es geht runter in den Schulkeller, und hier müssen wir auch wieder einen Gang entlang. Ich finde den Schulkeller immer spannend und gehe gern hier entlang. Aber nur mit der ganzen Klasse oder mit Lara. Allein ist mir der Keller zu gruselig.
Herr Kettele klimpert mit seinem Schlüsselbund und schließt einen Raum auf, in dem ich noch nie war. An den Wänden stehen viele Regale, die sind voll mit Kisten, Holz und Werkzeug. Auf einem großen Tisch ist ein Berg Steine aufgehäuft, und neben dem Tisch türmen sich genau solche Eimer, wie Herr Kettele sie in der Hand hält. Wir dürfen uns alle einen nehmen und auf dem Gang an dem großen Waschbecken mit Wasser füllen.

»Und wie soll das bitte jetzt ein Märchenschloss werden?«, mault Michel schon wieder.
»Indem ihr mit mir raus auf den Schulhof kommt«, antwortet Herr Kettele ruhig und läuft los. Wir eiern hinterher. Wir sind jetzt sehr langsam. Die Eimer sind schwer. Mir schneidet der Metallgriff richtig in die Hand. Ein bisschen Wasser schwappt mir immer wieder raus. Ich ächze, und Lara ächzt auch, und gerade als ich denke, dass ich jetzt nicht mehr kann, sind wir draußen. Wir sollen unsere Eimer ganz nah an der Schulhauswand abstellen.
»Jetzt heißt es, warten. Zwei oder drei magische Tage lang!«, verkündet Herr Kettele. Und er erklärt, dass das Wasser nach dieser Zeit oben und an den Seiten vom Eimer gefroren sein wird. In der Mitte aber noch nicht. Dann werden wir sie wieder rein in die Wärme holen, damit die Ränder antauen.

»Und dann kippen wir das Ganze hier im Schulhof aus«, fährt er Herr Kettele fort. »Und was werden wir dann haben?«

Rijad meldet sich und sagt:

»Einen Eimer aus Eis!«

»Genau!«, bestätigt Herr Kettele. »Und wenn wir in unseren Eiseimer eine Kerze hineinstellen, dann leuchtet das ganz wunderbar, und wir haben …?«

Emma meldet sich:

»Eine Eislaterne!«

»Richtig.« Herr Kettele lächelt. »Und dann können wir hier im Schulhof unsere Eislaternen wie eine Pyramide übereinander bauen.«

»Dann haben wir eine Eispyramide!«, rufe ich.

»Oder?«, fragt Herr Kettele.

»Ein Schloss aus Eis, ein Märchenschloss!«, ruft Lara.

»So ist es«, sagt Herr Kettele, und seine Augen

leuchten richtig. Ich stelle mir vor, wie dann erst unser Märchenschloss leuchten wird. Das sieht bestimmt schön aus. Besonders im Dunkeln. Dann wird es in unserem Pausenhof strahlen, und die Leute, die vorbeifahren, werden sich freuen. Ich nehme meinen Daumen und drücke ihn ganz fest und hoffe, dass meine Sternschnuppe die Kälte jetzt doch noch nicht wegjagt. Sie soll bitte nur machen, dass es besonders schöne Ostern werden.

Herr Knauer ist sauer

Auf dem Nachhauseweg trödeln Lara und ich an den Gärten und Einfahrten entlang. Der Schnee glitzert im Sonnenlicht, und der Nachmittag liegt schön und frei vor uns. Lara sagt, dass sie sich total auf unsere Eislaternen freut. Ich sage, dass ich mich auch freue.

Ein silbernes Auto tuckert neben uns vorbei und biegt nach einer Weile ab. Wir stapfen weiter, und

da erzähle ich Lara, dass ich gestern eine Sternschnuppe gesehen habe. Und dass ich mir gewünscht habe, dass der Winter weggeht.

»Den Wunsch darfst du doch nicht verraten!«, sagt Lara und macht ein Gesicht, als ob ich etwas sehr Wichtiges nicht verstanden hätte. »Sonst geht er nicht in Erfüllung. Das weiß doch jeder!«

»Genau deswegen habe ich ihn dir ja erzählt!«, rufe ich und muss lachen. Ich bin stolz, dass mir ein so guter Trick eingefallen ist.

»Wieso? Das verstehe ich nicht«, sagt Lara.

»Na, weil ich doch jetzt gar nicht mehr will, dass die Kälte weggeht! Sonst werden unsere Eislaternen nichts. Aber weil ich dir jetzt meinen Wunsch verraten habe, geht er nicht mehr in Erfüllung!«

Dass ich mir noch das besonders schöne Ostern

gewünscht habe, verrate ich Lara nicht. Denn das soll ja unbedingt in Erfüllung gehen.

Als wir um die nächste Ecke kommen, sehen wir ein bisschen weiter vorne unsere Schneekugel. Die liegt immer noch monstergroß auf dem Gehweg. Es war also noch kein Riese da, um sie wegzulöffeln. Dafür ist jetzt aber jemand anderes da. Das silberne Auto hält dort an, die Autotür geht auf, und ein Mann in Anzug und mit einer blauen Krawatte steigt aus. Er guckt auf unsere Kugel, als könnte er nicht glauben, dass sie echt ist.

»Da können wir jetzt nicht mehr entlanggehen«, flüstert Lara.

»Ja, aber was sollen wir denn sonst machen?«, frage ich.
»Wir drehen um und gehen den anderen Weg«, entscheidet sie.
»Das ist doch super weit! Unsere Mamas machen sich Sorgen, wenn wir dermaßen spät kommen.«
»Dann warten wir eben hier, bis der Mann weg ist.« Lara nimmt meine Hand. Ich drück sie und wispere:
»Wir können hier nicht einfach stehen bleiben. Das ist super auffällig. Wenn der Mann zu uns herschaut, weiß er doch sofort, dass wir die Schneekugel da hingemacht haben.«
Ich ziehe Lara zurück. Ich will jetzt doch lieber umdrehen und den weiten Weg nehmen. Michel hat schließlich gesagt, dass die Leute aus dem Haus da vorne sehr doofe Leute sind. Und wer weiß denn schon, was sehr Doofe alles mit einem machen können?

Plötzlich zieht der Mann seine Anzugjacke aus, legt sie ins Auto und beginnt die Kugel wegzurollen. Das finde ich spannend. Da will ich nicht mehr umdrehen, sondern zugucken. Der Mann stemmt sich, so wie wir heute Morgen, gegen die riesige Schneekugel. Und so wie wir schafft er es nicht. Die Kugel rührt sich nicht vom Fleck. Der Mann schon, der verschwindet jetzt in seiner Einfahrt. Wahrscheinlich muss er erst etwas essen, bevor er so eine Arbeit schafft.
»Er ist weg! Los, das ist unsere Chance!«, ruft Lara und rennt auch schon los. Ich renne mit. Mein Schulrucksack wippt auf meinem Rücken, so dass die Trinkflasche gluckert. Ich bin froh, dass die Leute die Gehwege geschippt haben, da können wir gut rennen. Jetzt nur schnell vorbei an dieser Einfahrt! Gleich sind wir in Sicherheit. Aber plötzlich bremst Lara und ich auch. Da steht der Mann nämlich. Ganz nah. Ich krieg kaum Luft

vor Schreck. Er steht mit dem Rücken zu uns, schaut auf die Nachbargarage, und ein zweiter Mann mit Schneeschippe kommt dort heraus.
»So, Herr Knauer«, sagt er. »Damit müssten Sie das Hindernis leicht aus dem Weg schaffen können.«
»Danke vielmals«, grunzt der Anzugmann, der also *Herr Knauer* heißt. »Diese Saubande! Ich weiß genau, wer mir das Ding vors Grundstück gewalzt hat!«
Mein Herz wummert. Warum haben wir nicht gewartet? Warum sind wir nicht zurückgegangen? Warum mussten wir unbedingt zusehen, was der Mann mit der Kugel macht? Jetzt sitzen wir in der Falle.
Der Mann dreht sich um. Seine Augenbrauen heben sich über den Rand seiner Brille. Wahrscheinlich kann er es nicht glauben, dass die bösen Kinder, die ihm seine Einfahrt versperrt haben, jetzt direkt vor ihm stehen.

Als hätte sie der Riese auf einem schönen Tellerchen hingestellt.
Ich zittere, und in meinem Mund sammelt sich heiße Spucke.
»Hey, ihr! Macht Platz da, ich muss das Ding wegschaufeln!«
»Das waren wir nicht«, piepst Lara.
»Was faselst du da?«, schnauzt der Mann. Er hat ein ganz verkniffenes Gesicht und macht einen Schritt auf uns zu.
»Wir waren es wirklich nicht«, presse ich hervor. Warum sagen wir das? Das hilft doch sowieso nichts mehr. Der Mann wird doch da nur noch saurer. Er hat ja gemeint, er weiß genau, wer *diese Saubande* ist.
»Ist mir klar, dass zwei schwächliche Mädchen so etwas nicht zustande bringen!«, grunzt der Mann und lacht laut auf. »Ich kann mir schon denken, wer dahintersteckt!«

Dann beachtet er uns nicht mehr und beginnt die Schippe in die Schneekugel zu stechen. Er sticht und gräbt und wirft den Schnee auf die Straße. Lara grinst ein bisschen und zieht mich an der Hand. Wir gehen weiter.

»Geh langsamer«, flüstere ich. »Sonst ist es zu auffällig!«

Wir gehen ein bisschen langsamer. Bis zur nächsten Kurve. Kurz bevor wir abbiegen, drehen wir uns um. Wir gucken uns an. Wir müssen nicht absprechen, was wir jetzt machen, wir sind ja beste Freundinnen. Wir legen die Hände an den Mund, holen tief Luft und brüllen so laut wir können:
»Hey, Herr Knauer! Wir waren das do-hooooch!!!«
Dann beginnen wir wieder zu rennen. Aber richtig schnell werden wir nicht. Nicht weil wir zwei schwächliche Mädchen sind, sondern weil wir zu sehr lachen müssen.

Die neuen Alltagsschuhe

Zu Hause drücke ich gerade auf den Klingelknopf, da macht mir Mama schon die Tür auf. Sie hat ihren schilfgrünen Wintermantel an und auch ihre Stiefel.

»Da bist du ja endlich, mein Schatz. Ich dachte, du kommst heute gar nicht mehr.«

»Hast du dir schon Sorgen gemacht?«, frage ich und schnuppere. Es riecht gar nicht nach

Mittagessen, nur ganz normal nach unserem Haus.

»Sorgen?« Mama zieht die Augenbrauen hoch. »Nein, die habe ich mir nicht gemacht. Ich komme gut ohne sie zurecht. Aber Alma geht heute nach der Schule zu Zeynep, und Karlchen bleibt den ganzen Nachmittag im Kindergarten, und da dachte ich mir, dass wir beide das ausnützen.«

»Wir beide?«, frage ich. »Wie denn?«

»Wir fahren jetzt in die Stadt, holen uns was Leckeres zum Mittagessen, und danach gehen wir dir Schuhe kaufen«, sagt Mama fröhlich.

Ist das zu glauben? Was zu essen holen, und den ganzen Nachmittag habe ich Mama für mich allein. Und ich kriege neue Schuhe! Dabei habe ich mir die gestern gar nicht gewünscht. Was ist das heute nur für ein guter Tag?

Bevor wir losfahren, trage ich einen Teller voll mit Gurkenschalen und Salatblättern zur Garage. Ich passe auf, dass nichts runter in den Schnee fällt. Mama rattert mir das Tor hoch. Das Hasengehege ist leer. Nur Stroh und Sägespäne liegen drin. Aber im nächsten Moment kommt Fläumchen aus dem Häuschen gehoppelt. Und Nasi hinterher. Kurz rasen sie im Kreis, bis ich das Gitter oben anhebe, da stoppen sie und machen beide gleichzeitig Männchen.

»Guckt mal, was ich für euch habe«, rufe ich und kippe den Salat und die Gurkenschalen in ihre Fressecke. In Tiergeschichtenbüchern steht oft, dass Hasen als Leibspeise Karotten hätten. Das stimmt aber gar nicht. Nasi und Fläumchen fressen am allerliebsten Löwenzahn. Und wenn es den nicht gibt, fressen sie am allerliebsten Salat und Gurkenschalen. Und darauf stürzen sie sich jetzt. Ich steige zu ihnen hinein und kauere mich in eine Ecke. Ich warte, dass sie mit fressen fertig sind, damit ich sie

auf den Arm nehmen kann. Aber Nasi frisst gar nicht so lange. Er greift Fläumchen an, packt sie und will auf sie draufspringen. Bevor sie ihn wieder beißt, schnappe ich ihn mir.

»Wirst du wohl damit aufhören?«, schimpfe ich und streichle über seine langen Ohren. Ich werde traurig. Ich will nicht, dass Nasi und Fläumchen sich so schlimm streiten. »Ist dir langweilig hier drin?«, frage ich ihn, und er drückt sich warm an meinen Bauch. »Bald wird es Frühling, und dann könnt ihr wieder im Garten sein, und du kannst wieder mehr von der Welt sehen.«

Nasi ist jetzt ganz ruhig, und ich spüre, dass er mich versteht.

»Können wir langsam los, Lisi?«, ruft Mama plötzlich. Oh, sie sitzt ja schon hinterm Steuer! Ich setze Nasi zurück, streichle Fläumchen über den Rücken und steige aus dem Gehege. Dann lässt Mama das Tor runter, und wir fahren in die Stadt.

Bei dem kleinen Imbisswagen auf dem Marktplatz holen wir uns Falafel auf die Hand mit einer Mango-Joghurt-Soße. Wir stellen uns neben den Imbisswagen in die Sonne, und ich beiße einen riesigen Bissen ab. Mmm, wie gut das schmeckt! Ich muss mich nur vorbeugen, damit die Soße nicht auf meine Jacke läuft. Mama beugt sich auch vor. Nicht dass noch ihr Mantel verschmiert wird. Wir essen also gebeugt, und die Soße tropft in gelben Kreisen in den Schnee. Wenn jetzt eine Königin vorbeireiten würde, würde die bestimmt

denken, dass Mama und ich uns vor *ihr* verneigen. Dabei tropfen wir hier nur rum.

»Komm, Lisi, jetzt aber schnell hinein in ein schön warmes Geschäft«, sagt Mama, als wir fertig gegessen haben. »Eigentlich sollten wir froh sein, dass wir einen richtigen Winter erleben dürfen. Die letzten Jahre war ja nichts mit Schnee, aber so langsam reicht mir die Kälte. Dir auch?«

Ich antworte Mama, dass es mir auch reicht, und ich sage:

»Trotzdem darf es jetzt auf keinen Fall warm werden. Denn wir bauen mit Herr Kettele ein Eislaternen-Märchenschloss.«

Mama lacht und sagt, na gut, dann will sie mal noch geduldig sein. Märchenschlösser sind schließlich wichtig.

Jetzt betreten wir das Schuhgeschäft. Es ist leer und riecht nach neu. Eine Verkäuferin kommt auf uns zu. Sie fragt, ob sie uns helfen kann.

Das kann sie, sagt Mama, wenn sie uns zeigt, wo Halbschuhe Größe 34 sind.
Die Verkäuferin führt uns zu einem breiten Regal und holt einen dunkelblauen Schuh heraus. Er sieht aus wie eine Mischung aus Halbschuh und Turnschuh, und er gefällt mir sehr gut.
Ich probiere ihn an. Schade, er drückt. Die Verkäuferin reicht mir einen anderen Schuh.
Der ist hellgrün. Er ist auch sehr schön, und er drückt überhaupt nicht, und ich gehe zur Probe auf und ab.
»Ich schlapp hinten raus«, sage ich und setze mich wieder hin. Danach probiere ich noch viele andere Schuhe an. Aber entweder sind sie vorne zu eng oder hinten zu weit.
»Danke! Wir versuchen es woanders«, seufzt Mama irgendwann. Sie nimmt mich an die Hand, und wir gehen.
Im nächsten Geschäft gibt es nur Schuhe mit

Klettverschluss. Ich finde Klettverschluss zwar praktisch, aber auch babyhaft. Also müssen Mama und ich in einen weiteren Laden marschieren. Ich bin schon ein bisschen müde. Die Verkäuferin hier hat weißblonde

Stoppelhaare, und sie ist gar nicht müde. Sie flitzt um mich herum und türmt ein Schuhpaar nach dem anderen neben mir auf. Und ich ziehe eins nach dem anderen an, und kein einziges passt.
»Wir finden schon noch das Richtige für dich«, sagt die Verkäuferin. Das finde ich nett von ihr. Aber dann gibt sie mir ein breites hellbraunes Paar, und das finde ich nicht so nett. Es passt richtig gut. Auch beim Auf-und-ab-Gehen.
»Wunderbar!«, ruft Mama erleichtert. Die Verkäuferin sagt, dass diese Schuhe richtig supi sind und dass das orangefarbene Schuhbändchen richtig peppig ist!
Ich sage nichts. Die *wunderbar-supi-peppigen* Schuhe passen mir. Nur schön sind sie nicht. Und cool sind sie auch nicht. Sie sehen aus wie Vollkornbrötchen mit Schleifen. Ich finde aber, wenn ich schon neue Schuhe kriege, müssen die entweder schön oder cool sein. Am

besten beides zusammen. Und ganz bestimmt nicht keines von beiden. Warum sagt Mama denn da bitte *wunderbar*?

»Also, Süße, die nehmen wir, oder?«, sagt sie jetzt auch noch und macht ein Gesicht, als hätte ich gerade einen ersten Preis gewonnen.

Ich presse meine Lippen zusammen. In meinem Hals spüre ich einen Kloß. Den kenne ich schon. Er fühlt sich an wie ein altes Brötchen. Dick und hart. Meine Füße sind so blöd! Warum passen ihnen immer nur so hässliche Schuhe? Lara passen immer die allerschönsten.

»Kann man hier auch die Füße umtauschen?«, grummle ich vor mich hin.

»Haha, die Abteilung ist da hinten«, lacht die Verkäuferin und weist mit ihrer Hand in ein Nebenzimmer.

Ich gucke hin. Und da ist der Brötchenkloß wieder

weg. Meine zusammengepressten Lippen gehen wie von allein auseinander: »Was ist denn das???«

In dem Füßeumtauschzimmer steht nämlich ein Regal mit Sonderposten. Und da sind sie! Inmitten von gewöhnlichen, langweiligen und scheußlichen Schuhen leuchten sie heraus. Metallisch-rosa und wunderbar.

»Oooh!«, flüstere ich, denn diese Schuhe sind bestimmt die schönsten, die ich je gesehen habe. Sie sind zwar rosa, aber es ist eine coole Art von rosa. Und sie haben elegante bronzene Verschlüsse und sogar einen kleinen Absatz.

Ich gehe zu dem Regal, nehme sie und drehe mich zu Mama und der Verkäuferin um.

»Darf ich die?«, hauche ich.

»Die?« Mama hat eine Stimme, als hätte sie ihren Falafel nicht vertragen. Da weiß ich, dass ihr die Schuhe nicht gefallen.

»Also, ein Halbschuh ist das aber nicht«, sagt die Verkäuferin.
Das stimmt. Halbschuhe sind ja zu, und diese Schuhe sind am Fußrücken offen. Es sind fast Sandalen.
Bevor Mama weitersprechen kann, setze ich mich hin und probiere sie an.
Schon bin ich drin. Und ist es zu glauben? Sie

drücken kein bisschen. Ich gehe herum, und ich schlapp gar nicht raus. Sie passen!

»Die nehm ich«, rufe ich.

»Die kannst du aber nicht zum Spielen anziehen, die sind doch viel zu …« Mama spricht nicht weiter.

»Zu schön?«, frage ich.

Mama macht nur ein Grunzgeräusch, und da erkläre ich ihr, dass man beim Spielen ruhig auch mal schön aussehen darf. Und da erklärt sie mir:

»Du darfst natürlich schön aussehen, aber diese Dinger sind einfach keine Alltagsschuhe.«

»Dann ziehe ich eben Almas alte Halbschuhe als Alltagsschuhe an. Die passen mir. Ich habe sie neulich probiert«, antworte ich.

Almas alte Schuhe sind nicht schön und schon gar nicht cool. Und selbst Mama weiß das. Also verspreche ich schnell noch:

»Ich werde Almas Schuhe anziehen, und nie-nie-nie maulen, wenn ich jetzt diese Fast-Sandalen bekomme.«

Die Verkäuferin lächelt Mama an und zuckt mit den Schultern. Ich frage mich, warum ich mir gestern bei der Sternschnuppe nicht doch richtig schöne Schuhe gewünscht habe. Vielleicht wäre es besser gewesen als ein besonders schönes Ostern. Dann wäre das hier alles nicht so ein Theater.

Mama bückt sich zu meinen Füßen und schaut auf das Preisschild.

»Na gut«, seufzt sie plötzlich. »Du bekommst die Schuhe zu Ostern.«

Ich schreie »Juhuuu!« und gebe ihr einen Kuss.

Die Verkäuferin wickelt meine Fast-Sandalen in weißes Seidenpapier und legt sie in einen rot getupften Karton. Mama grinst mich ein bisschen schief an. Ich grinse zurück und trage meine weltschönsten Schuhe zur Ladentür hinaus.

Das Märchenschloss

Zwei Tage später ist ein dunkler Wolkentag, und endlich ist es soweit: Unser Eimereis ist gefroren. Wir haben schon im Warmen gewartet, und jetzt steht unsere Klasse dick eingemummelt im Pausenhof. Herr Kettele ist auch dick in seinen braunen Schal eingemummelt. Er ruft:
»Jetzt vorsichtig auskippen!«
Da kippen wir alle unsere olivgrünen Plastikeimer

um, und schöne weiße Eiseimer kommen heraus. Oh, die sehen wirklich toll aus! Es sind lauter kleine Blasen mit ins Eis eingefroren. Die machen ein wunderschönes Muster.
»Wenn die nicht super geworden sind!«, freut sich auch Lara. Herr Kettele kramt in seiner ausgebeulten Anoraktasche und zieht eine Tüte heraus. Da sind Teelichter drin. Aber nicht so normale, sondern extra große. Wir dürfen uns alle eins nehmen und in unseren Eiseimer setzen. Aber anzünden dürfen wir sie jetzt noch nicht.
»Wann bauen wir denn endlich das Eisschloss?«, drängelt Michel.
»Na, jetzt natürlich«, sagt Herr Kettele »Wir stellen die Laternen in einen Kreis. Und dann bauen wir einen zweiten etwas kleineren obendrauf und dann einen dritten noch kleineren und so weiter und so weiter.«
Da stelle ich mich dicht neben Lara. Damit unsere

Laternen in der Pyramide auch nebeneinander kommen. Und es klappt, wir bauen sie in den vierten Kreis ein. Rijad und Michel bauen ihre auch in den vierten Kreis. Emmas Eimer kommt am Schluss ganz auf die Spitze.

»So, Kinder«, sagt Herr Kettele. »Das war's für heute Vormittag. Das Eigentliche aber, also das Anzünden, das passiert ja heute Abend. Leider ist da keine Schule. Wenn es dunkel wird, könnt ihr also mit euren Eltern hier vorbeispazieren und gucken, ob unsere Laternen wirklich funktionieren, okay?«

»Okaaayyy!!!«, rufen wir alle. Und dann sagt Lara zu mir:

»Wollen wir gemeinsam hingehen?« Natürlich nicke ich da.

Endlich ist es dämmrig, und wir gehen los. Papa, Mama, Karlchen und ich. Alma sagt, sie bleibt lieber zu Hause, sie will noch Querflöte üben. Ich glaube aber, sie will wieder nur Backvideos anschauen. Das finde ich ganz schön dumm von ihr. Backvideos kann sie sich immer anschauen, die schmelzen nicht weg. Aber wann kriegt man denn schon mal ein Eislaternenschloss zu sehen?
An Laras und meiner Straßenecke treffen wir Lara mit ihrer Mutter Tina. Tina zieht Laras kleinen Bruder Tiago auf dem Schlitten hinter sich her.
Lara und ich nehmen uns an den Händen, Mama redet mit Tina, und Papa geht mit Karlchen.
Zusammen laufen wir durch den Schnee. Der ist festgefroren und knirscht leise bei jedem Schritt.
Warum spazieren wir im Dunkeln nicht öfters so gemeinsam durchs Dorf? Wo es doch so was Gutes ist und so viel Spaß macht.
Kurz darauf biegen wir um die Ecke zur Schule.

Da sehen wir es schon leuchten. Dass unsere Eispyramide so wunderschön aussieht, habe ich mir heute Vormittag nicht vorstellen können. Sie sieht aus wie ein weißgelber spitzer Hut von einem riesigen Zauberer. Den hat der einfach im Schulhof vergessen.

»Wow! Das habt ihr gebaut?!« Papa lehnt sich an den Schulzaun. »Das ist ja unglaublich!«

»Wunderschön!«, ruft Tina, und Tiago zeigt mit seinen dicken Fäustlingen auf unsere Pyramide und brabbelt:

»Ist das, Lara? Ist das?«

»Das ist unser Märchenschloss«, erklärt ihm Lara, und ihre Augen glitzern.

Mama wendet sich Tina zu und meint:

»Echt gut, dass Herr Kettele, ohne besonderen Anlass, so was mit den Kindern macht. Er ist wirklich ein toller Lehrer.«

Ja, das finde ich auch.

Wir bleiben eine ganze Weile stehen und schauen unser leuchtendes Märchenschloss an. Dann wird mir kalt. Lara sagt, dass ihr auch kalt ist. Und ein bisschen langweilig ist uns auch.

»Also marschieren wir mal langsam wieder nach Hause«, beschließt Papa. Aber Lara flüstert mir zu:

»Ich will die Laternen gern noch von Nahem sehen. Wir lassen deine Eltern und Tina ein bisschen vorausgehen und klettern kurz noch über den Zaun.«

»Ist gut«, flüstere ich zurück.

Es gibt in unserem Schulzaun ein Tor. Das wird nur aufgemacht, wenn im Sommer irgendein Fest ist und Bierbänke und Getränke aufs Schulgelände transportiert werden müssen. Aber man kann auch prima auf den Griff vom Tor draufsteigen, um über den Zaun zu gelangen. Und genau das tun Lara und ich jetzt.

Leicht geduckt flitzen wir über die vereiste Schulhofwiese. Wir ducken uns, weil der Pausenhof ganz anders ist als am Tag. Nämlich leer und nicht sonderlich hell. Die Bäume und Büsche ringsum lassen das Licht von den Straßenlaternen kaum durch. Nur unsere Pyramide da vorne macht welches. Aber sie macht auch, dass da unheimliche Schatten auf dem Schnee tanzen.

»Wollen wir nicht lieber wieder umdrehen?«, frage ich Lara. Da hören wir etwas knacken. Das kommt vom Schulhaus her. Und ein Klirren war da auch. Wir bleiben ruckartig stehen. Ein großer Schatten bewegt sich unter dem überdachten Bereich! Ich krieg keine Luft mehr. Mama und Papa sind ja noch ganz in der Nähe, aber ich traue mich nicht, nach ihnen zu rufen. Ich kann mich gar nicht mehr rühren. Nur mein Herz hämmert. Ganz doll bis hinauf in meinen Hals.

Jetzt tritt aus dem Dachbereich jemand heraus. Ein Mann ist das! Ein großer Mann!
»Lara«, flüstere ich und umklammre ihren Arm. Doch da kichert sie.
»Das ist ja Herr Kettele!« Sie rennt auf ihn zu. Oh, was für ein Glück. Ich renne hinterher.
»Hallihallo, ihr beiden«, begrüßt uns Herr Kettele. In der Hand hält er einen großen Schlüsselbund. »Ich wollte gerade zum Tor und es aufsperren. Aber ihr habt es ja anscheinend auch so geschafft.«
Da muss ich grinsen. Und dann gehen Lara und ich mit Herrn Kettele zum Tor und ziehen es auf. Kaum ist es offen, rennen wir Mama, Papa, Tina, Karlchen und Tiago nach.
»Ihr müsst noch mal zurückkommen!«, rufe ich außer Atem »Wir können jetzt richtig auf den Pausenhof rauf, und Herr Kettele ist auch da!«
Tina wendet den Schlitten, auf dem hinter Tiago

jetzt auch Karlchen Platz genommen hat, und Mama und Papa drehen auch um.
Gerade als wir alle wieder bei Herrn Kettele ankommen, taucht auf dem Gehweg aus der anderen Richtung noch eine Gruppe auf.
»Hallooo, Lisiii! Hey, Lara!« Rijad und Michel und Emma kommen angerannt. Ihre Eltern stapfen ein bisschen langsamer hinterher. Rijads Mama zieht wie Tina auch einen Schlitten. Es sitzen aber keine kleinen Brüder drauf, sondern ein großer Korb.
Alle sagen Hallo. Die Eltern sagen Herrn Kettele, wie schön das Märchenschloss ist, und ich gucke währenddessen schon mal in den Korb rein. Da liegt eine vollgefüllte Papiertüte drin. Und drei Thermosflaschen und bunte Becher sind auch dabei.

»Na, Lisi, kleine

Erfrischung gefällig?« Rijads Mama steht plötzlich neben mir.

»Hast du auch eine kleine Erwärmung?«, frage ich. »Erfrischt bin ich heute schon viel zu arg.«

Rijads Mama lacht und gibt mir einen hellgrünen Becher mit Margeriten drauf. Der sieht sehr schön aus und sehr frühlingsmäßig.

»Ich habe Kinderpunsch und Spinat-Käse-Böreks, falls du so was magst?«, sagt sie. Ja, so was mag ich. Da gießt sie mir roten Saft in den Becher. Der dampft und riecht nach Zimt und Gewürzen. Da wollen plötzlich alle anderen auch eine kleine Erwärmung. Aber weil Rijads Mama nicht so viele Becher dabeihat, teilen Lara und ich uns den Punsch. Wir klackern unseren Becher mit Emma, Rijad und Michel aneinander und rufen »Prost!«. Und die Erwachsenen machen es uns nach. Dann ist es leise, alle trinken. Lara und ich machen ganz winzige Schlückchen. Weil der Punsch so heiß ist und so lecker und so süß.

Danach ist mir gar nicht mehr kalt, und da schlägt Michel vor, dass wir Mädchen-fangen-Jungen spielen sollen. Das ist der beste Vorschlag überhaupt. Denn wer kommt gerade auf den Pausenhof gestapft? Mira mit ihrem Vater. Da sind wir Mädchen

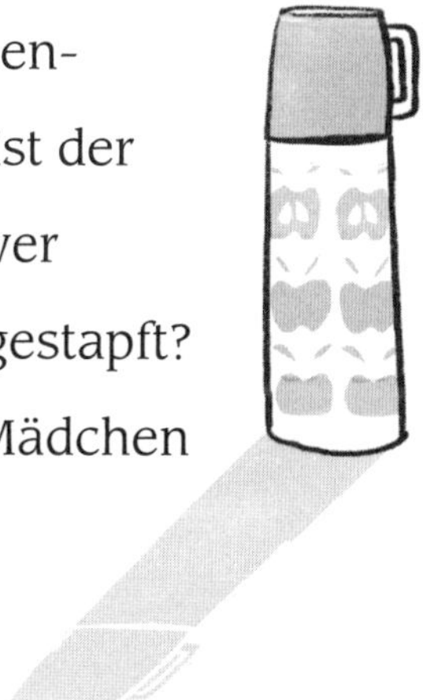

absolut in der Überzahl und müssen nicht lange fangen.

Die Erwachsenen stehen um unser leuchtendes Eisschloss herum und reden und lachen, und wir jagen uns gegenseitig um sie herum und lachen auch. Einmal falle ich hin. Aber es tut nicht weh. Mit der Zeit kommen noch andere Kinder aus unserer Klasse mit ihren Eltern. Ich kann mir irgendwie gar nicht vorstellen, dass morgen ganz normal Schule ist. Ich fühle mich gerade so ferienhaft. Die ganze Stimmung hier ist so besonders und feierlich.

Kurz höre ich auf, Michel hinterherzudüsen, und gucke nach oben in den Himmel. Und da fällt doch tatsächlich eine Sternschnuppe durchs Dunkel. Schon wieder! Das gibt's ja gar nicht. Ich bin ganz still und schaue zu, wie sie fällt. Ich wünsche mir nichts. Denn was soll ich mir an so einem schönen Abend noch wünschen?

Oster-vorbereitungen

»Herr Kettele hat die Kälte wirklich noch prima abgepasst«, sagt Papa heute. Wir sitzen alle um den Tisch und essen gerade zu Mittag. »Ein Eisschloss könnte man jetzt absolut nicht mehr herstellen.«

Das stimmt. Aller Schnee ist nämlich weg und alles Eis auch, und unser Garten wird jeden Tag grüner und bunter. Der Weidenbusch blüht, und ab und zu setzen sich Bienen auf die kleinen gelben Wuschelblüten drauf. Das sieht süß aus.

Dass es inzwischen so schön warm ist, passt auch gut, denn wir haben jetzt Osterferien. Und zu Ostern muss es doch frühlingshaft sein.

Gestern haben Alma, Papa und ich unseren Osterstrauch mit frisch bemalten Eiern behängt und auf den Tisch gestellt.
Karlchen wollte keine Eier malen. Also hat Mama mit ihm Kresse in halbe Eierschalen gesät. Die muss jetzt noch wachsen. Ob sie es aber bis zu Ostern schafft, weiß ich nicht. Es ist ja schon übermorgen.

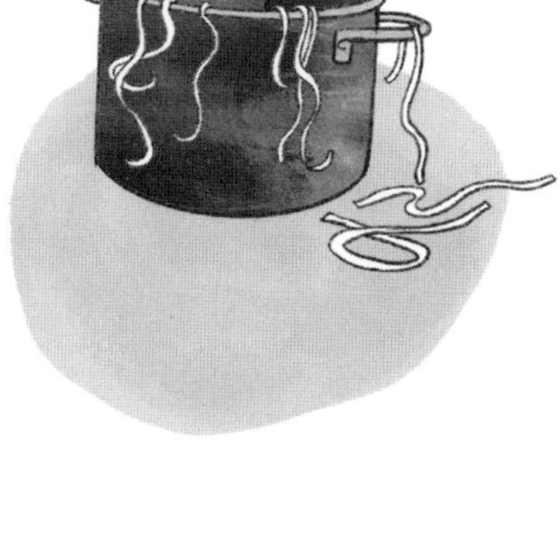

»Heute räumen wir ordentlich auf und putzen alles«, verkündet Mama und stellt den leer

gegessenen Spaghettitopf und den leer gegessenen Tomatensoßentopf aufs Tablett.
»Morgen holen wir dann Oma vom Bahnhof ab, und übermorgen kann unser Osterfest kommen. Ach ja, die Hasen können jetzt auch wieder in den Garten, oder?« Bei dem letzten Satz guckt Mama Papa an.
»Natürlich!« Papa grinst und nickt ganz hektisch. »Schluss mit der Übergangslösung! Am besten, ich trage den Stall auf der Stelle ins Freie.« Schon ist Papa im Flur und zieht sich seine Schuhe an.
»Ich helf dir«, ruft Karlchen und flitzt hinterher.
»Ich muss aufs Klo«, murmelt Alma und verschwindet nach oben.
»Ich helf auch, Papa!«, rufe ich und will auch in den Flur.
Aber Mama sagt:
»Hilfst du vorher noch beim Tischabdecken?«
Da erkläre ich Mama, dass Alma und ich schon

aufgedeckt haben und dass Karlchen dran ist. Mama denkt nämlich immer, dass Karlchen zu klein ist, um irgendwelche Haushaltssachen zu machen. Dabei ist er schon fünf. Ja, sogar fast sechs. Als ich fünf war, habe ich auch schon den Tisch gedeckt. Wenn Karlchen acht ist, so wie ich jetzt, wird er wahrscheinlich immer noch zu klein sein. Wahrscheinlich wird er es noch sein, wenn er ein großer, schwerer Mann geworden ist. Dann muss er immer Mama und Papa anrufen und sie fragen, ob sie ihm einen Teller in die Küche tragen können.

»Jetzt hilf bitte einfach mit!«, sagt Mama zu mir und macht ein strenges Gesicht. Aber da mach ich auch ein strenges Gesicht und frage:

»Und Alma? Ist die etwa auch zu klein?«

»Alma ist doch aufs Klo,

mach nicht so einen Terz wegen der vier Teller!«, schnaubt Mama.

Da werde ich sauer. Aber ich sag nichts. Ich staple die blöden Teller ganz laut aufeinander und stelle sie noch lauter in der Küche ab. Dann stampfe ich zu Papa und Karlchen in den Flur und werfe Karlchen einen bösen Blick zu. Weil Karlchen das aber gar nicht merkt, weil er gerade seinen Klettverschluss am Schuh zumacht, hole ich tief Luft und werd ihm jetzt mal sagen, dass er superfaul ist.

In dem Moment klingelt es an der Haustür. Papa macht auf. Draußen steht eine fremde Frau mit einem Mädchen an der Hand. Das Mädchen hat

ein rundes Gesicht und ist ungefähr so groß wie Karlchen.
»Hallo?«, sagt Papa.
»Guten Tag«, sagt die Frau. »Wir kommen wegen des Ranzens.«
»Äh«, macht Papa ein bisschen verdutzt. »Ich weiß gar nicht, wovon Sie sprechen.«
Aber da wirbelt Mama in den Flur und sagt mit einer ganz lieben und ganz hellen Stimme: »Ach, hallo, Frau Pichler, hallo, Tamara, schön, Sie zu sehen. Ich bringe den Ranzen gleich hoch.«
Ich weiß nicht, woher Mama diese Frau Pichler kennt, und ich weiß auch nicht, was für einen Ranzen sie gleich hochbringt. Es ist mir auch egal. Ich gehe an dem fremden Besuch vorbei nach draußen.
In der Garage schiebe ich das Gitter vom Gehege. Nasi kommt sofort herangehoppelt, und ich nehme ihn auf den Arm. Ganz lieb kuschelt er sich

an mich, und ich streichle ihm über den Rücken. Da geht es mir gleich wieder besser. Mein Sauersein geht weg, und als Papa und Karlchen schließlich auch in der Garage auftauchen, macht es mir gar nichts aus, Nasi an Karlchen zu übergeben. Fläumchen trage ich aber selbst.
Papa geht in die Knie und stemmt das Gehege hoch. Er ächzt ein bisschen. Dann eiert er nach draußen in unseren Garten, und Karlchen und ich marschieren mit den Hasen hinterher. Papa stellt das Gehege ins Gras, und wir setzen die Hasen hinein. Oh, wie sie jetzt gucken! Fläumchen schnuppert am Boden, und Nasi macht einen superhohen Luftsprung. Er rennt los. Er ist glücklich. Bestimmt hört er hier draußen auf, Fläumchen immer so gemein zu ärgern.
»Ich hole noch schnell die Futterschüssel und das Hasenklo!«, sage ich und flitze zur Garage zurück. Gerade als ich mit der Schüssel und dem Klo

wieder in den Garten will, kommen Frau Pichler und ihre Tamara-Tochter aus unserem Haus. Tamara hat pinke Gurte an den Schultern. Die hatte sie vorher noch nicht.
Und vorher hatte sie auch nicht so ein zufriedenes Gesicht.
Sie gehen an der Garage vorbei und gucken nicht zu mir rein. Zu ihrem weißen Auto gehen sie, das auf der Straße parkt. Und was hat Tamara da auf dem Rücken??? Meinen alten Schulranzen! Lila mit Flamingos drauf. Ich habe seit der dritten Klasse einen coolen dunkelblauen Rucksack.
Aber was macht denn jetzt mein alter Ranzen auf dem Rücken von diesem Mädchen?
Durch meinen Kopf schießen auf einmal Wörter, die Mama in den letzten Tagen benutzt

hat: *Frühjahresputz. Vor Ostern noch ausmisten. Platz schaffen.*
Ich rase los. Mein Finger klebt am Klingelknopf. Mama macht die Tür auf.
»Warum hat die meinen Ranzen an?«, brülle ich.
»Ich habe ihn Tamara geschenkt. Sie kommt wie Karlchen nach den Sommerferien in die erste Klasse, und Karlchen will den Flamingo-Ranzen nicht. Er will einen mit Adler, und da dachte ich mir …«
»Aber *ich* will ihn noch!«, brülle ich da noch lauter.
»Das stimmt doch gar nicht, Lisi. Der Ranzen steht seit einem dreiviertel Jahr unberührt im Keller. Du hast sogar gesagt, dass du ihn peinlich findest und superfroh bist, dass du endlich den coolen Rucksack hast«, antwortet Mama.
»Ich will den Ranzen ja auch nicht mehr *anziehen*!«, schreie ich. »Aber ich brauche ihn

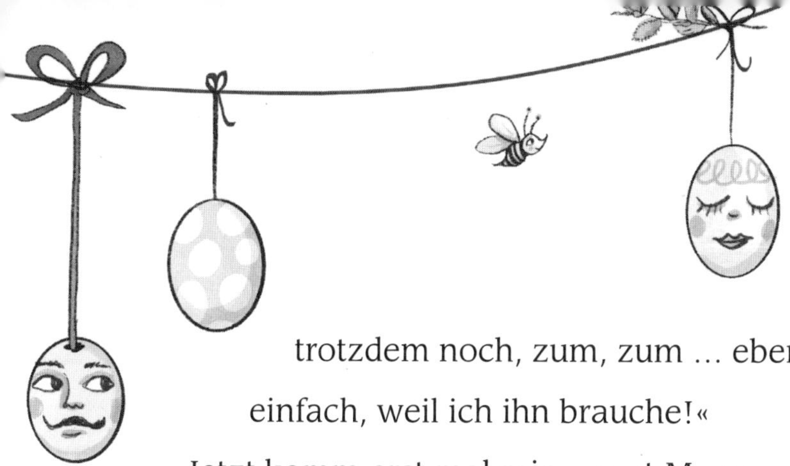

trotzdem noch, zum, zum … eben einfach, weil ich ihn brauche!«

»Jetzt komm erst mal rein«, sagt Mama ruhig und macht einen Schritt zur Seite. Aber ich bleibe vor der Tür stehen und verschränke die Arme. Mama macht kurz die Augen zu und atmet laut aus.

»Du weißt doch, dass unser Haus nicht so groß ist. Damit es nicht aus allen Nähten platzt, müssen eben immer mal wieder ein paar Dinge gehen.«

»Aber mein Ranzen muss nicht gehen!« stelle ich klar. »Und außerdem darfst du gar nicht über ihn bestimmen. Er gehört schließlich mir.«

»Ja, das stimmt. Ich hätte dich fragen sollen«, gibt Mama zu. »Das tut mir leid.«

Ich sage nichts. Ich warte. Merkt Mama nicht, dass sie zu ihrem *Es tut mir leid* noch etwas sagen muss? Nämlich, dass sie Frau Pichler anruft und meinen Ranzen zurückfordert? Nein, sie merkt es nicht. Sie streicht sich nur eine Locke aus der Stirn.

»Du bist echt gemein!«, sage ich da und rase an ihr vorbei, hoch zu meinem und Almas Zimmer. Ich reiße die Tür auf. Alma sitzt am Schreibtisch und macht Hausaufgaben.

»Was ist los?«, fragt sie. Ich antworte nicht. Ich werfe mich aufs Bett und ziehe mir die Decke über den Kopf. Mein Gesicht ist ganz heiß und dann auch nass.

Alma sagt irgendwas Tröstiges. Das finde ich nett von ihr. Als sie irgendwann aus dem Zimmer geht, fällt mir was Gutes ein. Ich gucke unter der Decke hervor und lausche.

Dann schleiche ich los, am Bad vorbei, rüber ins

Schlafzimmer. Mamas und Papas Kleiderschrank ist aus Holz, und die Schranktür knarrt laut, wenn man sie aufmacht. Deswegen mache ich sie jetzt gaaanz vorsichtig und langsam auf. Und dann mache ich gar nicht vorsichtig *schnapp* und reiße Mamas grünes Kleid vom Bügel.

Ich flitze die Treppe runter in die Küche. Mama ist nirgends zu sehen. Aus unserer Tütenschublade hole ich mir blitzschnell eine Tüte. Da knäule ich das Kleid rein und schiebe es mir unter den Pulli. Dann bin ich auch schon draußen, renne zur Garage und stolpere in Karlchen rein.

»Du wolltest doch das Klo holen!«, ruft er und hält mir das Hasenklo und die Futterschüssel entgegen.

»Ich muss erst was anderes erledigen«, sage ich. Und zu Papa rufe ich:

»Ich gehe ein bisschen Rad fahren.«

»Äh? Ach so, ja gut«, sagt Papa.

Dann radle ich los. Ich fahre viele Straßen entlang, und die Tüte knistert unter meinem Pulli. Irgendwann bin ich beim Friedhof. Neben der Friedhofsmauer steht ein hoher Container. Mit roten Buchstaben steht da drauf *KLEIDERSPENDE*. Und das passt doch gut, denn ein Kleid habe ich ganz zufällig unter meinem Pullover, ein Mamakleid nämlich, und das wird jetzt

gespendet! Da kann Mama mal sehen, wie das ist!

Ich recke mich zu der Einwurfsklappe hoch. Sie ist sehr weit oben, ich komme nicht ran. Vielleicht hat der Mensch, der den Container gebaut hat, das extra gemacht, damit Mama ihr Kleid behalten kann.

Aber ich habe ja noch mein Fahrrad, und das stelle ich jetzt ganz nah an den Container.
Ich will gerade draufklettern, da kommt eine alte Frau durch das Friedhofsgatter auf den Gehweg heraus.
»Soll ich dir helfen?«, fragt sie und lächelt mich an. Ich nicke stumm und gebe ihr Mamas Kleid. Es macht ein *Wrrschhhhhh*-Geräusch, als die Tüte durch die Klappe rutscht.
So!, denke ich. Auf Wiedersehen, du Kleid.
Ich sage noch danke zu der alten Frau, dann radele ich wieder zurück.
Die Sonne scheint, und die Vögel zwitschern in den Gärten. Je näher ich unserer Straße komme, umso langsamer trete ich in die Pedale. In meinem Bauch ist plötzlich ein Knoten. Der knotet sich immer fester zusammen, als wäre Mamas Kleid da drin und würde sich verwickeln.
Zu Hause stehen Papa, Mama und Karlchen im

Garten, und Mama gibt Papa gerade eine große Schaufel. Ich renne an ihnen vorbei, und Alma macht mir die Tür auf.
»Na, geht's wieder?«, fragt sie.
»Ja«, sage ich, aber da merke ich, dass das gar nicht stimmt. Weil Tränen in meine Augen kommen wollen. Also gehe ich schnell an Alma vorbei hoch ins Zimmer und verkrümle mich noch mal unter meiner Decke.
Warum nur habe ich das Kleid weggebracht? Das war überhaupt nicht gut. Dass die Zimmertür aufgeht, höre ich nicht. Aber sie muss aufgegangen sein, denn plötzlich spüre ich Mamas Hand. Ganz lieb streicht sie über meinen Rücken.
»Es tut mir leid, mein Schatz«, sagt Mama leise. »Ich habe einfach nicht gedacht, dass dir der Ranzen noch so wichtig ist. Ich rufe jetzt Frau Pichler an und sage, dass wir ihn doch noch brauchen, okay?«

Da weine ich los.
»Komm, Lisi«, flüstert Mama. »Wir lassen uns doch von einem Schulranzen nicht unsere schöne Osterstimmung verderben.«
Ich will Mama alles erzählen, aber ich bringe nur hervor:
»Tamara kann den Ranzen behalten. Ich brauche ihn nicht mehr.«
Irgendwann fragt Mama, ob ich denn dann wegen was anderem weine.
Da stammle ich in mein Kissen hinein. Dass da eine Frau aus dem Friedhof rausgekommen ist und dass die mit Mamas grünem Kleid eine Spende gemacht hat.
Mama sagt, dass sie jetzt irgendwie gar nichts mehr versteht. Da fasse ich Mut, schlage die Decke beiseite und flüstere Mama alles noch mal ins Ohr.
Und was macht Mama? Zuerst ist sie ganz still.

Dann macht sie eine steile Falte auf der Stirn. Und dann legt sie den Kopf schief und fängt an zu lachen!
Sie lacht und sagt, dass ihr das grüne Kleid sowieso schon viel zu eng war. Seit zwei Jahren schon kriegt sie es nicht mehr über den Po.
»Aber das nächste Mal fragst du, wenn du meinen Kleiderschrank ausmistest, ja? Und ich frage dich in Zukunft auch. Wir fragen uns gegenseitig«, sagt sie auch noch.

Ich drücke mich ganz fest an Mama und verspreche, dass ich ihren Schrank nie mehr ausmisten werde. Auch wenn unser Haus nicht groß ist. Ich bin so froh. Mama streichelt mir über die Backe und ich ihr auch.

Unseren Hasen juckt das Fell

Am nächsten Tag steigen Papa, Karlchen und ich auf dem Bahnhofsparkplatz aus unserem Auto. Heute holen wir Oma ab. Das mache ich immer so gerne. Karlchen und ich schließen jedes Mal eine Wette ab, wer Oma als Erstes entdeckt. Gerade als wir auf den Bahnsteig treten, rauscht auch schon der Zug rein und macht ein flirrendes Geräusch, dann hält er an. Alle Türen schieben

sich gleichzeitig auf, und auch Karlchen und ich rufen genau gleichzeitig:
»Da ist sie!!!« Oma steht nämlich genau in der Tür von dem Waggon, vor dem wir warten. So was hatten wir ja noch nie.
Oma hat ein ganz buntes Halstuch an und neue Ohrringe. Wir springen ihr entgegen.
»Hey, werft mich nicht um!«, lacht sie und drückt uns ganz fest an sich.

»Hey, quetsch mich nicht tot!«, rufe ich und lache auch. Oma riecht ein bisschen nach Zug, aber auch gut nach Oma.

Dann fahren wir zusammen nach Hause. Ich bin die ganze Fahrt über aufgeregt. Oma kennt ja Fläumchen und Nasi noch gar nicht! Nur von Fotos und Videos kennt sie sie, aber wie kuschlig sich das Fell anfühlt, das weiß Oma von Videos nicht. Ich bin gespannt, was sie zu den Hasen sagt.

In unserer Einfahrt holt Papa Omas Koffer aus dem Kofferraum. Da kommt Alma angerannt. Sie umarmt Oma gar nicht, sie ruft:
»Ihr müsst sofort kommen!!! Das könnt ihr nicht glauben, was mit den Hasen ist!«

Natürlich renne ich sofort hinter Alma her zum Hasengehege, und da zucke ich richtig zusammen vor Schreck. Fläumchen kauert nämlich in einer Ecke, ganz eng an den Maschendraht gepresst, und beißt und reißt sich ihr Fell von der Brust weg. Jetzt schüttelt sie sich und rast ins Häuschen. Nasi sitzt in der anderen Ecke. Er hat sein Ohr zwischen den Pfoten und putzt es.
»Was hat Fläumchen?«, frage ich. »Reißt sie sich ihr Winterfell aus, ist ihr heiß, ist sie krank?«
Alma zuckt mit den Schultern und macht das Häuschen oben auf.

»Guck dir das an!«, sagt sie. Und da guck ich mir das an.
Unten im Häuschen sitzt Fläumchen im Stroh und sortiert Halme! Fein säuberlich büschelt sie sie in ihrer Schnauze zusammen, als ob sie damit einen kleinen Besen bauen wollte.
Dass sie so was kann! Ich habe schon so oft versucht, unseren Hasen Tricks beizubringen. Zum Beispiel durch einen Reifen springen oder eine Drehung. Nie, aber auch gar nie hat das geklappt. Und jetzt? Jetzt ordnet hier Fläumchen einfach das Stroh.
Jetzt bin ich nicht mehr besorgt, sondern stolz. Weil Fläumchen so schlau und talentiert ist.
»Was ist denn mit den Hasen?« Karlchen drängt sich zwischen mich und Alma. Er, Papa und Oma sind jetzt auch beim Gehege angekommen.
»Na, guck doch mal da.« Alma zeigt mit dem Finger ins Häuschen. Aber sie zeigt gar nicht auf

Fläumchen mit ihren sortierten Strohbüscheln, sondern auf die andere Seite. Oh! Da ist das Stroh zu einem Kreis zusammengebaut. Und graues ausgerissenes Fell liegt mittendrin.
»Das ist ja ein Nest!«, sagt Papa.
»Mama!«, brülle ich. »Mama, komm schnell!« Ich renne zur Haustür und drücke wild auf unsere Klingel, so dass es schrillen Daueralarm gibt. Mama macht die Tür auf und fragt:
»Was ist denn passiert? Ist was mit Oma?«
»Nein, mit Fläumchen! Sie baut ein Nest!«, rufe ich außer Atem. »Komm schnell mit!«
Als wir zurück in den Garten kommen, umarmen sich erst mal Oma und Mama zur Begrüßung. Dann nimmt Oma auch Alma richtig in den Arm, und Mama guckt sich das Nest an.
»Tatsächlich«, staunt sie. »Ein Hasennest.«
»Das muss Fläumchen in superkurzer Zeit gebaut haben«, erläutert Alma. »Echt krass, denn nach

dem Mittagessen habe ich ja das Häuschen ausgemistet, und da war da noch gar nichts.«

Oma zupft an ihrem Halstuch.

»Also, so ein Nestchen«, murmelt sie, »kann ja nur eines bedeuten.«

»Was denn?«, will Karlchen wissen.

»Sei doch nicht dumm!«, fährt Alma ihn an.

»Wann bauen Vögel Nester, hm? Natürlich wenn sie Eier legen wollen!«

»Legt Fläumchen jetzt Eier?« Karlchens Augen werden ganz groß und rund.

Alma haut sich gegen die Stirn und stöhnt.
»Das gibt es ja wohl nicht, Karlchen! Wie bescheuert bist du eigentlich!«
»Alma!« Papa schaut Alma mit seinem So-nicht-Blick an. »Hör bitte auf, so grob zu reden!«
»Ist doch wahr!«, faucht Alma. »Hasen legen doch keine Eier!«
»Doch!«, beharrt Karlchen und schiebt die Brust vor. »Wenn sie nämlich Osterhasen sind. Du bist selber bescheuert, weil du nicht weißt, dass Fläumchen eine Osterhäsin ist!« Und dann zieht er blitzschnell seinen Fuß hoch und tritt Alma ans Schienbein. Alma brüllt, und Papa schimpft, und Karlchen düst davon.
»Du Idiot!«, schreit Alma, aber hinterherrennen tut sie ihm nicht. Das finde ich auch besser so. Es geht doch jetzt um Fläumchen. Und dass sie ein Nest baut! Da können Alma und Karlchen doch nicht anfangen sich zu prügeln.

»Ihr bekommt also Hasenbabys«, sagt Oma feierlich.
Und da wird es mir erst so richtig klar. Ich weiß gar nicht, was ich noch sagen soll oder was ich machen soll oder überhaupt. Ich kann nicht glauben, dass mir so was Gutes wirklich passiert. Normalerweise passieren so besondere Sachen immer nur Kindern in Filmen oder Büchern oder so. Und jetzt passiert so was mir!
»Am besten gehen wir jetzt mal rein«, brummt Papa. »Damit Fläumchen in Ruhe weiterbauen kann. Ich weiß nicht, wie lange Hasendamen ihre Nester im Vorhinein erstellen. Aber vielleicht kommen die Jungen ja noch diese Woche zur Welt.«
»Oh, Oma, da bekommst du die Hasenbabys ja auch noch mit, du bleibst ja die ganze Woche bei uns!«, rufe ich.
Reingehen will ich jetzt aber nicht. Ich will

hierbleiben. Aber ich will auch, dass es Fläumchen gut geht und sie Ruhe hat, wenn sie die jetzt braucht. Also mache ich die Luke zu und gehe mit allen ins Haus. In meinen Gedanken aber gehe ich bestimmt über hundertmal wieder zu Fläumchen hinaus.

Ostersachen

Am Abend haben Alma und Karlchen sich wieder vertragen. Wir Kinder sitzen mit Oma am Tisch und spielen *Stadt, Land, Fluss.* Oma spielt mit Karlchen zusammen. Er kann ja noch nicht schreiben. Oma schlägt vor, dass wir statt *Fluss* eine Ostersache nehmen könnten. Das finde ich eine gute Idee, weil morgen ja Ostern ist und weil ich immer nicht so gut die Flüsse weiß.

Als der Buchstabe S dran ist, fällt mir als Stadt gleich *Saarbrücken* ein. Da wohnt nämlich eine Freundin von Mama. Ein Land weiß ich leider keins, aber als Ostersache schreibe ich *Schmuck* auf und als Tier *Schlange*.

Oma und Karlchen haben *Stockholm, Schweden, Sahnetorte* und auch *Schlange*.

Da kriegen Oma, Karlchen und ich für die *Schlange* nur fünf Punkte. Alma kriegt zehn für *Storch*, und da ist sie in Führung. Ich freue mich aber trotzdem. Denn wenn Oma und Karlchen mit ihrer Ostersache recht haben, gibt es morgen nicht nur unser leckeres Osterbrot, sondern auch eine Torte! Am liebsten hätte ich eine mit Himbeeren.

Als Nächstes kommt das F dran. Und ich nehme *Frankfurt, Finnland* und *Fläumchen* als Ostersache, und als Tier nehme ich auch *Fläumchen*.

Bei der Auswertung sagt Alma:

»Zweimal dasselbe gilt nicht.«

Aber ich finde, das gilt doch. Denn Fläumchen ist ein Tier, und dass sie genau einen Tag vor Ostern ein Nest baut, ist superösterlich. Also kann ich sie als Ostersache hinschreiben.

»Na gut«, sagt Alma da.

Wir spielen noch eine ganze Weile, und es macht

viel Spaß, bis Papa zu uns kommt. Er legt seine Hände an den Mund und spricht mit einer Lautsprecherstimme:
»Achtung, Achtung: Alle Kinder, die morgen Ostereier finden wollen, sollten sich langsam ins Bett begeben.« Ich muss lachen. Was hat denn bitte Ostereier-finden-Wollen mit Ins-Bett-Gehen zu tun?
Ich mache meine Hände auch an den Mund und rufe:
»Achtung, Achtung: Alle Papas, die komische Sachen sagen, müssen aus dem Zimmer gehen.«
Da kommt es aus Papas Lautsprecher:
»Achtung, Achtung: Alle frechen Töchter werden jetzt gepackt!«
Da springe ich auf und laufe weg. Aber Papa ist superschnell um den Tisch rum und schnappt mich und kitzelt mich an den Rippen. An den Rippen und an den Fußsohlen sind nämlich

meine allerkitzligsten Stellen. Das weiß Papa natürlich. Irgendwie ist plötzlich auch Karlchen bei uns, und Alma schmeißt sich auch ins Gewühl. Und schon liegen wir alle auf dem Boden und kreischen und haben einen guten Kampf. Mir macht kämpfen am Abend immer besonders viel Spaß.

Jetzt drücken wir Papa runter. Zu dritt setzen wir uns auf ihn drauf.

»So, du!«, sage ich. »Alle frechen Papas werden auch gepackt.«

»Und gepresst!«, ruft Karlchen und drückt seine Hände extrafest auf Papas Brust.

Über uns räumt Oma die *Stadt, Land, Ostersache*-Blätter und die Kugelschreiber zusammen und lacht vor sich hin.

Da kommt Mama rein. In den Händen hat sie einen blauen Teller. Was drauf ist, kann ich von hier unten nicht sehen.
»Wer jetzt den Hasen schnell noch die Gurkenschalen rausbringt, darf noch zwei Minuten länger wach bleiben, alle anderen gehen Zähneputzen«, sagt Mama.
Alma und Karlchen haben keine Lust, noch mal rauszugehen. Aber ich hüpfe von Papa runter und nehme Mama den Teller ab.
Fläumchen braucht jetzt viel Kraft, wo sie doch bald Junge bekommt.
»Kommst du mit, Oma?«, frage ich, und Oma nickt. Das finde ich so gut bei ihr. Nie sagt sie: *Ich habe jetzt keine Zeit* oder: *Das kannst du doch locker allein erledigen*.
Zusammen gehen wir also in den Garten. Es ist kalt. Ein Wind pfeift durch die Büsche und weht mir an den Hals. Das Licht aus dem Wohnzimmer

scheint bis zum Hasengehege. Fläumchen und Nasi ist auch kalt. Sie sitzen eng aneinander gekuschelt in einer Ecke. Ich kippe die Schalen vor ihnen aus, und sie beginnen gleich zu fressen.
»Na, das sieht ja niedlich aus«, sagt Oma. »Wie die grünen Streifen Stück für Stück in den kleinen Hasenmündern verschwinden.«
Ja, ich finde auch, dass das niedlich aussieht, und ich finde gut, dass Oma das auch findet.
Wir gucken eine kleine Weile zu. Bestimmt länger als zwei Minuten. Dann ist Oma kalt, weil wir ja keine Jacken angezogen haben.
»Komm, wir schauen noch mal das Nest an«, sage ich und mache die Luke auf. Aber im Häuschen ist es stockdunkel. Wir können gar nichts sehen. Ich taste nach unten und spüre an meinen Fingerspitzen das ausgerissene Fell. Es ist ganz federleicht und warm.

»Ahhh!«, rufe ich und reiße meine Hand zurück, weil ich nämlich noch was anders gespürt habe. Was weiches.

»Was ist denn?«, fragt Oma.

»Ich weiß nicht«, stammle ich. »Da war was ekliges in dem Nest drin.«

»Was ekliges? Hast du eine Taschenlampe?«, fragt Oma, und die habe ich. Im Garagenregal nämlich. Und die holen wir.

Ich knipse die Lampe an und leuchte ins Häuschen. Das Nest sieht genauso aus wie heute Nachmittag: ein gelber Strohkreis mit grauen Flusen in der Mitte. Aber:

»Das Fell wackelt, oder nicht?«, sagt Oma. Ich zupfe ganz vorsichtig ein kleines Stück zur Seite. Und wirklich! Unter dem Fell ist was drunter!

Mein Herz fängt an ganz doll zu schlagen. Ich zupf noch ein bisschen mehr Fell weg und kann es nicht glauben: Fünf winzige Tiere liegen da ineinander verknäult im Nest drin. Sie sehen nicht aus wie Hasen, denn sie sind so klein wie Mäuse, haben überhaupt kein Fell, und die Augen sind zu. Sie sehen aus wie grau-weiß gefleckte Hautklumpen. Und trotzdem sind sie wohl das Süßeste, was ich je gesehen habe.

»Oma!«, flüstre ich. »Sie sind ja schon da.«

»Ja«, flüstert Oma zurück. »Ich seh's.«

Ich schlucke.

»Aber jetzt mach mal lieber das Fell wieder drauf«, flüstert Oma. »Nicht, dass die Kleinen noch auskühlen.«

Da decke ich Fläumchens und Nasis Kinder blitzschnell wieder zu. Ich schlucke noch mal, und dann düse ich zur Terrassentür. Ich klopfe so lange gegen die Scheibe, bis Alma angelaufen kommt. Sie hat schon ihr Nachthemd an.

»Sie sind da!«, flüstere ich, als Alma die Terrassentür aufmacht. »Sie sind schon da!«

»Wer?«, fragt Alma.

»Die Babys natürlich!«, rufe ich. »Die Hasenbabys sind da!«

Da kommt Alma sofort raus und mit zum Stall. Barfuß und im Nachthemd. Ich leuchte auf das Nest. Mama und Papa sind wenig später auch draußen. Papa hat ein Schlafanzug-Karlchen auf dem Arm.

»Ich seh sie gar nicht«, beschwert sich Karlchen.

»Sie sind unter dem Fell«, erklärt Oma. In diesem Moment kommen Nasi und Fläumchen ins Häuschen gehoppelt, und Fläumchen steigt in das Nest.

»Jetzt kann man sie sowie nicht mehr sehen«, sage ich.
»Na du!«, sagt Papa zu Nasi. »Glückwunsch zum Nachwuchs!«
Nasi beachtet Papa nicht. Das finde ich gut von ihm, denn eigentlich müsste Papa Fläumchen gratulieren! Sie hat schließlich das Nest gebaut und die Jungen geboren.
»Wir holen sie rein!«, sagt Mama plötzlich.
»Wen?«, fragt Alma
»Fläumchen und die Kleinen«, antwortet Mama.
»Ich habe mal gelesen, dass Hasenmütter manchmal die Jungen totbeißen, wenn der Hasenvater die ganze Zeit um sie herum ist. Außerdem ist es hier draußen viel zu kalt für die Kleinen.«
Ist das wahr? Mama will, dass wir die Hasen ins Haus holen? Dabei hat sie doch den ganzen Winter über gesagt, sie will sie auf keinen Fall

drin haben, in der Garage sei es ja schon nervig genug.

Ich stelle mich nah zu Mama, nehme ihre Hand und drücke sie.

»Und wohin tun wir sie?«, frage ich.

»Wie wäre es mit eurem Zimmer?«, schlägt Mama vor. Alma sagt gleich, dass das super wäre, und Karlchen findet es auch gut und ich sowieso.

»Dann baue ich jetzt ganz flott eine Übergangslösung«, sagt Papa.

»Nein«, sagt Mama und lacht. »Du backst jetzt Osterbrot für morgen! Den Zimmerstall für die Jungen baue ich.«

Und so machen wir es dann.

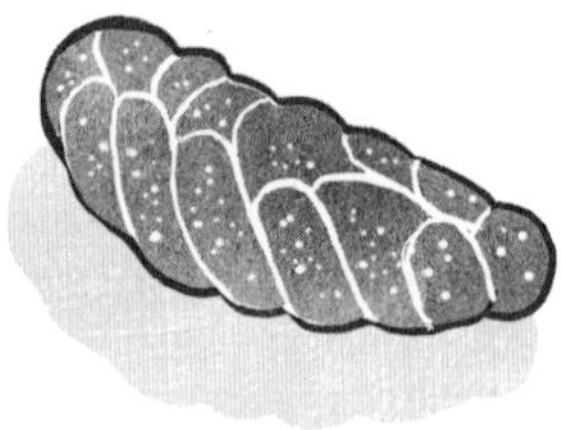

Mein Lisi-Glück

Ich liege in meinem schönen warmen Bett. Alma schläft schon. Aber ich bin noch wach, denn ich habe ich immer noch ein so großes Gefühl in meiner Brust. Und im Bauch und unter der Kopfhaut und eigentlich überall.

Neben meinem Bett raschelt Fläumchen leise im Stroh. Sie schläft also auch noch nicht.

Mama hat aus unserem Keller eine Schublade von

einer alten Kommode raufgeschleppt. Die ist riesig, und daraus hat Mama in der Garage einen Stall gebaut. Er ist richtig gut geworden. Über die eine Hälfte der Schublade hat Mama Bretter geschraubt und über die andere das alte Gitter vom Vogelhäuschen. Alma, Karlchen und ich haben den Boden mit Stroh und Streu ausgelegt. Und Oma ist dann in den Garten gegangen und hat mit beiden Händen das Nest samt Jungen aus dem Häuschen rausgehoben. Ganz vorsichtig hat sie es in den Schubladenstall reingelegt. Und dann haben wir ihn alle zusammen in Alma und mein Zimmer hochgetragen und zwischen unsere Betten gestellt. Bis den Babys ein richtiges Fell

gewachsen ist, dürfen sie nun hier wohnen bleiben.
Sie sind ganz nahe bei mir. Ich knipse noch mal meine kleine Lampe an. Die macht ein warmes oranges Licht.
Fläumchen trinkt Wasser aus der kleinen Glasschüssel, die ich ihr reingestellt habe. Und ihre Jungen liegen im Nest und bewegen sich ein bisschen hin und her. Blind und suchend. Zwei sind übrigens weiß und kleiner als die anderen, und zwei sind grau-weiß gefleckt, und eins ist komplett dunkelgrau wie Fläumchen. Das Fell wird später genauso, wie jetzt die Haut ist, hat Papa gesagt.

Jetzt macht Fläumchen einen kleinen Hops zu ihnen, und da wühlen sie sich an ihren Bauch. Oh, sie trinken ja. Wie ist das schön! Sie glucksen

und schmatzen nicht. Sie sind ganz still. Und ich bin es jetzt auch.
Ich kuschle mich zurück in meine Decke. Als ich schon fast eingeschlafen bin, fällt mir meine Sternschnuppe wieder ein. Ich habe mir ja gewünscht, dass die Kälte verschwindet und dass wir ein besonders schönes Ostern kriegen. Dass es aber sooo schön wird, habe ich mir im Leben nicht ausmalen können. Fünf lebendige Osterhasen haben wir einfach so geschenkt bekommen. Ganz ohne Suchen und schon am Abend vorher! Wenn ich morgen früh aufwache, werde ich Papa mal fragen, was *er* sich eigentlich gewünscht hat. Vielleicht ist sein Wunsch auch schon in Erfüllung gegangen. Dann kann er ihn mir ja verraten.
Ein Osterbrotgeruch steigt mir in die Nase. Der ist ganz süß. Ich höre unten Oma und Mama leise miteinander reden.

»Gute Nacht, Fläumchen«, flüstere ich. »Gute Nacht, Hasenbabys, träumt was schönes.« Dann drehe ich mich auf die Seite, und bald träume ich auch.

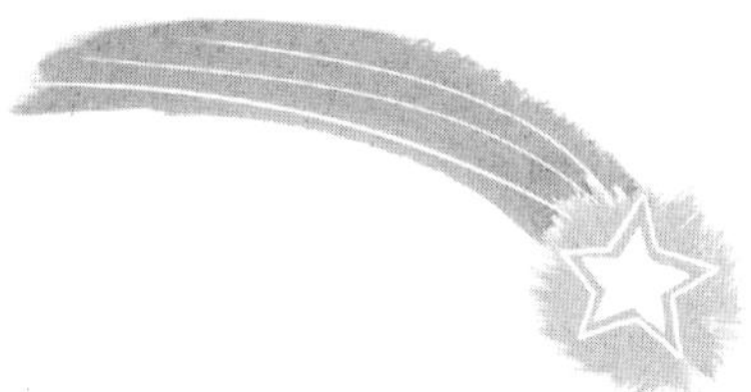

Drei kleine Frühjahrsideen, für alle, die gerne basteln oder backen

Lisis Babyosterhase im Walnussschalen-Nest

Du brauchst dazu:

Märchenwolle in weiß/braun und in hellgrün

Eine halbe Walnussschale

Für das Nestchen:

Zupfe ganz wenig hellgrüne Wolle zurecht und kleide damit dünn die Walnussschale aus. Das ist das Nest für deinen kleinen Hasen.

Für den Hasen:

1. Zupfe und drücke etwas weiße/braune Wolle zu einem Strang zurecht (nicht länger als 8 cm). Dann lege die beiden Enden aufeinander und

drücke diesen halben Strang ein wenig zusammen.

2. Nimm ein weiteres Mal weiße / braune Wolle und zupfe einen zweiten Strang. Diesen zwirbelst du nun zwischen Daumen und Zeigefinger, so dass die Wolle reißfest wird.
3. Wickle dein reißfestes Gebilde nun um den ersten Strang. Ungefähr in der Mitte. Das ist nun der Hasenkopf.
4. Zupfe die beiden Enden, die aus dem Kopf rausstehen, zu zwei Hasenohren.
5. Der untere Teil ist der Körper. Ihn kannst du nach hinten biegen und dann den Babyhasen in dein Walnussschalen-Nest hineinsetzen.

FERTIG!

Du kannst natürlich auch größere Hasen zupfen und sie in andere Schälchen setzen, die dir gut gefallen.

Die Eislaterne von Herrn Kettele

Du brauchst dazu:
Einen Eimer, Wasser, drei Tage Minustemperaturen, ein Teelicht oder eine Kerze

Fülle deinen Eimer mit Wasser und stelle ihn nach draußen in die Kälte. Nach ungefähr zwei Tagen kannst du den Eimer mit ins Warme nehmen und eine Viertelstunde antauen lassen. Dann dreh ihn um. Heraus kommen etwas Wasser und ein Eiseimer. Jetzt kannst du deine Kerze in den Eiseimer hineinstellen und, sobald es dunkel ist, deine Eislaterne anzünden.

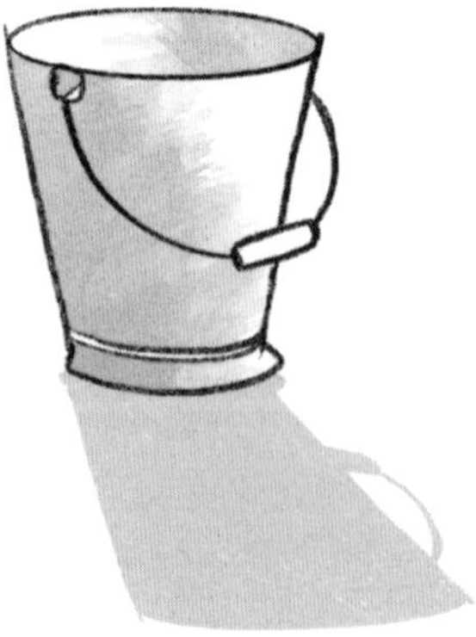

Das Osterbrot von Lisis Papa

Du brauchst dazu:

500 g Mehl

125 g weiche Butter

70 g Zucker

250 ml Milch (lauwarm)

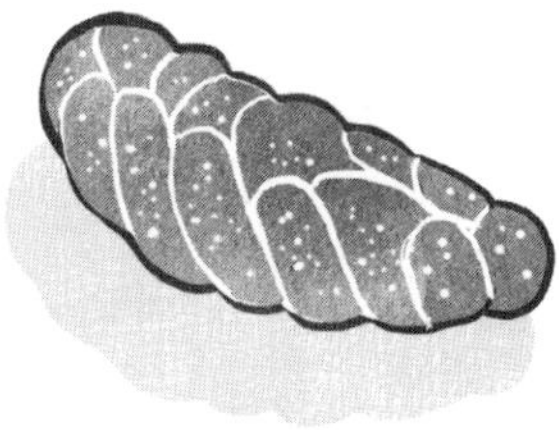

1 Würfel Hefe

2 Eier

Rosinen

1 Bio-Zitrone

1 Prise Salz

Puderzucker oder Hagelzucker

Einen Erwachsenen, der dir ein bisschen hilft

Schütte das Mehl in eine Schüssel und mache eine Mulde darin.
Rühre die Hefe mit etwas Zucker in die Hälfte der Milch, kippe das Ganze in die Mehlmulde und

rühre noch etwas Mehl in die Flüssigkeit. Decke deine Schüssel mit einem Tuch zu.
Reibe die Schale deiner Zitrone ab.
In die restliche lauwarme Milch kannst du nun die Butter rühren, dann die Rosinen, das Salz, den Zucker und die Zitronenschale.
Schütte das ganze zusammen mit den Eiern in deine Mehlschüssel. Jetzt kannst du den Teig mit dem Knethaken kneten, bis er sich vom Schüsselrand löst.
Bestäube deinen Teig mit etwas Mehl (dann trocknet er nicht aus) und lasse ihn an einem warmen Ort eine halbe Stunde gehen. Dann kannst du ihn mit dem Knethaken zurückschlagen. Oder du wirfst den Hefeteig mehrmals auf eine stabile Unterlage und knetest ihn durch. Dann nochmals eine halbe Stunde gehen lassen.
Schlage den Teig wieder zurück. Jetzt kannst du drei Teile herausnehmen, sie zu Strängen ziehen

und damit einen Zopf flechten. Oder den Teig einfach zu einem Laib formen.

Bei 165 ° Umluft ca. 35 Minuten backen.

Auf dein fertiges Osterbrot kannst du entweder ein Gemisch aus einem Esslöffel Zitronensaft und viel Puderzucker pinseln oder es mit Hagelzucker bestreuen.

GUTEN APPETIT!

Hat dir die Geschichte von
Lisis Glückspilztagen gefallen?
Dann halte Ausschau nach dem
ersten Band der Reihe:

Im Buchhandel erhältlich!

Alle Bücher von Valija Zinck

Habe ich		*Wünsche ich mir*
	Drachenerwachen (Band 1)	
	Drachenleuchten (Band 2)	
	Jakob und die Hempels unterm Sofa	
	Lisis Wirbelwindtage (Band 1)	
	Lisis Glückspilztage (Band 2)	
	Penelop und der funkenrote Zauber (Band 1)	
	Penelop und die zauberblaue Nacht (Band 2)	

Deine Wunschliste bitte hier ausschneiden.